¿Quién es Michael Jordan?

Kirsten Anderson
ilustraciones de Dede Putra
traducción de Yanitzia Canetti

Penguin Workshop

A mis compañeros fanáticos de los Nets, que quieren que todos sepan que realmente existimos—KA

PENGUIN WORKSHOP
Un sello editorial de Penguin Random House LLC, Nueva York

Publicado por primera vez en los Estados Unidos de América por Penguin Workshop, un sello editorial de Penguin Random House LLC, Nueva York, 2019

Edición en español publicada por Penguin Workshop, un sello editorial de Penguin Random House LLC, Nueva York, 2023

Derechos del texto © 2019 de Kirsten Anderson
Derechos de ilustración © 2019 de Penguin Random House LLC
Derechos de la traducción en español © 2023 de Penguin Random House LLC

Traducción al español de Yanitzia Canetti

Penguin respalda los derechos de autor. Los derechos de autor alimentan la creatividad, fomentan las voces diversas, promueven la libertad de expresión y crean una cultura vibrante. Gracias por comprar una edición autorizada de este libro y por cumplir con las leyes de derechos de autor al no reproducir, escanear ni distribuir ninguna parte de él en ninguna forma sin permiso. Está apoyando a los escritores y permitiendo que Penguin continúe publicando libros para todos los lectores.

PENGUIN es una marca comercial registrada y PENGUIN WORKSHOP es una marca comercial de Penguin Books Ltd. Who HQ & Diseño es una marca registrada de Penguin Random House LLC.

Visítanos en línea: penguinrandomhouse.com.

Los datos de Catalogación en Publicación de la Biblioteca del Congreso están disponibles.

Impreso en los Estados Unidos de América

ISBN 9780593522677   10 9 8 7 6 5 4 3 2 1 WOR

El editor no tiene ningún control y no asume ninguna responsabilidad por el autor o los sitios web de terceros o su contenido.

Contenido

¿Quién es Michael Jordan? 1

Demasiado bajito. 6

Carolina Blue. 19

El amor al juego. 34

El novato. 42

No confíes en nadie. 50

El triplete. 58

Al bate... Michael Jordan. 71

El triplete, segunda parte. 79

Wizard (Un mago). 88

El más grande. 92

Cronologías. 104

Bibliografía. 106

¿Quién es Michael Jordan?

Faltaba menos de un minuto para el final del último partido del campeonato universitario de baloncesto de 1982. Los *Hoyas*, el equipo masculino de la Universidad de Georgetown, tenía una ventaja de un punto sobre sus rivales, los *Tar Heels* de la Universidad de Carolina del Norte. Faltando 32 segundos, el entrenador de Carolina, Dean Smith, pidió un tiempo para discutir con sus jugadores sus próximos movimientos.

El equipo, con sus uniformes blancos y azules, se reunió en torno a su entrenador. Él sabía que

Georgetown bloquearía fuertemente a James Worthy y a Sam Perkins, las dos grandes estrellas de su equipo. El entrenador Smith tenía que decidir quién más podía intentar anotar una canasta si Worthy y Perkins no podían librarse de los defensores. Pensó que el equipo debía intentar hacer llegar el balón a Michael.

Michael Jordan era un novato de 19 años en la UNC, en 1982. El entrenador Dean Smith rara vez dejaba jugar a los estudiantes de primer año. Pensaba que los de primer año debían observar y aprender antes de estar listos para jugar al baloncesto de alto nivel.

Pero Michael se destacaba. Era rápido y podía saltar muy alto. Era fuerte, enérgico y le gustaba trabajar y aprender. Practicaba mucho y escuchaba las instrucciones de sus entrenadores. El entrenador Smith sabía que era diferente. Puso a Michael en la alineación titular en el primer juego, y allí se quedó todo el año.

Ahora, faltando solo segundos en el reloj, el entrenador Smith iba a confiar la oportunidad del equipo de ganar el campeonato al novato Michael Jordan. Todos sabían que tenía el talento para hacer el tiro. Pero aún más importante, tenía la confianza. Algunos atletas estarían asustados por este gran momento. Podrían tener miedo de cometer un error. Y no querrían ser los que perdieran el juego. Michael era otro tipo de atleta. Él quería hacer el tiro.

El tiempo terminó y los jugadores se prepararon para volver a la cancha. Su entrenador solo tenía que decir una cosa: "Métela, Michael".

El reloj se puso en marcha. Los jugadores de Georgetown se abalanzaron sobre Worthy y Perkins. Michael esperaba en el otro lado de la cancha. Faltando 15 segundos, Jimmy Black le pasó el balón. Michael lo atrapó y saltó en el aire. El balón salió de sus manos y voló 16 pies hacia la canasta.

El balón entró y los *Tar Heels* tomaron ventaja de un punto. El público rugía.

Georgetown podía hacer otro tiro, pero sus jugadores no parecían poder anotar. El reloj llegó a cero. ¡Los *Tar Heels* eran los campeones del baloncesto universitario de 1982!

Después del partido, Michael le confesó a un

periodista que no había sentido ninguna presión. Que fue un tiro más.

Ese fue el primer tiro ganador de un partido de Michael Jordan, pero no fue el último. Ganó 6 campeonatos de la NBA y dos medallas de oro olímpicas. Fue nombrado Jugador Más Valioso en 5 ocasiones y participó en 14 equipos del Todos Estrellas. Es considerado el mejor jugador de baloncesto de la historia y uno de los mejores deportistas de todos los tiempos.

CAPÍTULO 1
Demasiado bajito

Michael Jeffrey Jordan nació en Brooklyn, Nueva York, el 17 de febrero de 1963. Sus padres, James y Deloris, eran de Carolina del Norte. James había trasladado a la familia a Nueva York para que él pudiera ir a la escuela. Michael tenía un hermano mayor, James, conocido como Ronnie, y una hermana, Deloris, llamada Sis. Otro hermano, Larry, era solo un año mayor que él. La familia regresó a Carolina del Norte cuando Michael tenía 5 meses. Su hermana Roslyn nació al año siguiente.

En una familia de cinco hijos, Michael quería ser el centro de atención. Bailaba, cantaba, contaba chistes y hacía bromas. Su hermana decía que siempre le gustaba tener público.

Los Jordan se mudaron a Wilmington, Carolina del Norte, cuando Michael tenía 5 años para acercarse al trabajo de James en una planta de *General Electric*. A James le encantaba el béisbol, y les enseñó a Michael y a Larry a jugarlo desde pequeños. Pronto empezaron a jugar en las Ligas Menores. Luego, se interesaron por el baloncesto. Su padre instaló una canasta de baloncesto, y más tarde construyó una cancha para ellos.

Cuando Michael tenía 9 años, vio el partido de baloncesto por la medalla de oro de los Juegos Olímpicos de 1972 entre EE. UU. y la URSS. Los estadounidenses perdieron. Michael le dijo a su madre: "Algún día estaré en las Olimpiadas y me aseguraré de que ganemos".

James Naismith
y la invención del baloncesto

El Dr. James Naismith (1861-1939) estudió en la Universidad McGill donde enseñó educación física. En 1891, fue a trabajar en la Escuela Internacional de Entrenamiento del YMCA en Springfield, MA.

El director de la escuela le pidió a Naismith que inventara un juego para mantener a los jóvenes activos durante el invierno. Naismith clavó dos canastas de recoger melocotones en lo alto de las paredes opuestas y les dijo a los jugadores que metieran una pelota de fútbol en la canasta del otro equipo. También dio a conocer trece reglas. ¡James Naismith había inventado el baloncesto!

El juego se hizo popular rápidamente. Naismith pasó a la Universidad de Kansas para enseñar educación física. Muchos de los estudiantes que entrenó en el equipo de baloncesto se convirtieron en entrenadores.

La influencia de Naismith todavía se siente hoy en día. El jugador universitario del año recibe el Premio Naismith, y cada año se incorporan nuevos miembros al Salón de la Fama del Baloncesto Naismith Memorial. Muchas de sus "trece reglas" originales se siguen utilizando hoy en día.

Michael y Larry jugaban entre ellos cada vez que podían. Michael adoraba a Larry y lo admiraba, pero siempre quería ganarle cuando jugaban.

Todos sabían que Larry era un atleta fantástico. Era muy fuerte y rápido. Muchos pensaban que podría haber sido una estrella del baloncesto. Pero había un problema: los jugadores de baloncesto debían ser altos y Larry era bajito.

Pero Michael siguió creciendo y pronto fue más alto que Larry, y se convirtió en un destacado jugador de béisbol. A los 12 años, fue nombrado el jugador más valioso del estado cuando su equipo de la Liga Infantil ganó el campeonato.

Michael también siguió mejorando en el baloncesto. En 1977, entró en el noveno grado. Todas las mañanas, antes de ir a la escuela, practicaba el baloncesto con su amigo Leroy Smith. Medía unos cinco pies siete pulgadas. ¡Leroy era un pie más alto! Pero Michael era rápido y podía saltar muy alto. Ambos habían integrado el equipo de la escuela secundaria. En un partido, el equipo anotó 54 puntos. ¡Michael anotó 48 de ellos!

En 1978, Michael y Leroy comenzaron su segundo año en la secundaria Laney. Los dos hicieron una prueba para el equipo de baloncesto. Leroy lo consiguió y Michael no. Más tarde, los entrenadores dijeron que sabían lo bueno que era Michael, pero que la altura era muy importante. Y pensaban que necesitaban a alguien alto como Leroy para competir con otros equipos.

Pero Michael no sabía la razón. Solo sabía que no había entrado en el equipo. Se fue a casa y lloró solo en su habitación. Pensó en dejarlo para siempre, pero su madre lo animó a seguir. Michael siguió su consejo y jugó con el equipo junior durante su segundo año en Laney. Trabajó duro y dio un espectáculo, con una media de 28 puntos por partido. Era obvio el talento que tenía en la cancha.

Sin embargo, Michael estaba preocupado. Quería tener habilidades y ser más alto. Rezaba todos los días. Se colgaba de una barra, para estirarse. A los 16 años, medía 5 pies 10 pulgadas. Era más alto que la mayoría de los miembros de la familia Jordan, pero parecía poco probable que creciera mucho más que eso.

Entonces, un día, un primo vino a visitar a los Jordan. ¡Medía 6 pies 7 pulgadas! De repente, Michael tenía esperanzas: ¡había miembros más altos que él en la familia!

Michael tenía otra preocupación durante su segundo año: le dolían las rodillas. Su médico le hizo RX de las piernas y lo que descubrió eran buenas noticias. Los RX mostraban que estaba creciendo rápidamente y que crecería más. El dolor debía estar relacionado con su rápido crecimiento.

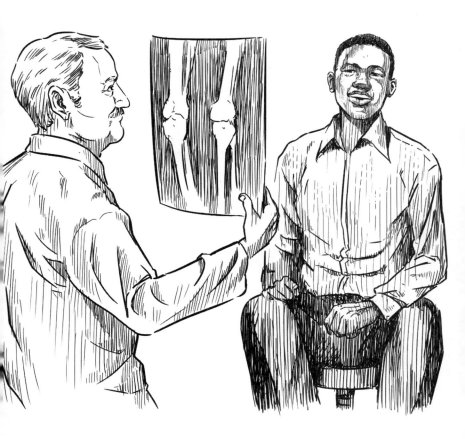

Cuando regresó para su tercer año en el otoño de 1979, Michael medía 6 pies 3 pulgadas y seguía creciendo. Entró fácilmente en el equipo de baloncesto de la escuela. Le propusieron dos números de camiseta. Él eligió el 23 porque esperaba ser la mitad de buen jugador que su hermano Larry, que llevaba el número 45.

Ahora tenía la altura que correspondía a sus habilidades. Y todos, dentro y fuera del instituto, empezaban a notarlo.

CAPÍTULO 2
Carolina Blue

Comenzó a correrse la voz sobre el talentoso jugador de *Laney High*. La Universidad de Carolina del Norte tenía uno de los mejores equipos de baloncesto del país, y se interesaron en Michael. Los entrenadores de la UNC lo invitaron a jugar en su campamento de verano para jugadores de baloncesto de la escuela superior. Luego le organizaron un campamento en Pittsburgh (Pensilvania) en el que participarían algunos de los mejores jugadores del país.

Logotipo de los *Tar Heels* de Carolina del Norte en 1979

Michael estaba nervioso al principio. Iba a

jugar contra otros chicos de instituto de todo Estados Unidos. Se consideraba a sí mismo un chico de pueblo de Carolina del Norte. ¿Cómo iba a estar a la altura de los otros?

Él jugaba al nivel de los otros chicos. A los entrenadores del campamento les encantaba la fuerza conque corría hacia la canasta y la patada extra que daba al saltar. También cómo escuchaba a los entrenadores. Y vieron los deseos que tenía de ganar.

Cuando terminó el campamento, Michael estaba en los primeros puestos de las listas de los mejores jugadores de instituto del país.

Para Michael, los campamentos de verano fueron un punto de inflexión. Ahora estaba seguro de que podía enfrentarse a los mejores jugadores. Antes, no estaba seguro de poder entrar en un equipo universitario de primer nivel. ¡Ahora algunos decían que podría jugar en la NBA!

Michael no sabía qué haría si no podía jugar baloncesto. Incluso admitió que le daba pereza casi todo, excepto los deportes. En el instituto sacaba Bes y Ces. Siempre intentaba librarse de hacer las tareas de casa. ¡Incluso dejó su trabajo de verano en un hotel después de una semana! A sus padres les preocupaba que nunca fuera capaz de mantener un trabajo.

En noviembre de su último año de instituto, Michael anunció que iba a aceptar una oferta de beca de la UNC. La universidad pagaría la matrícula de Michael. Él quería jugar con el entrenador Dean Smith. Dos canales de televisión locales fueron a casa de los Jordan para transmitir el anuncio.

La NBA

La Asociación Nacional de Baloncesto, o NBA, es una liga profesional masculina que juega en Norteamérica. Comenzó en 1946 con el nombre de Asociación de Baloncesto de América, y en 1949 se fusionó con la Liga Nacional de Baloncesto para formar la NBA.

Hoy en día hay 30 equipos en la NBA: 29 en Estados Unidos y uno en Canadá. Los equipos juegan 82 partidos durante una temporada que va de octubre a mediados de abril. Luego comienza la postemporada y, en junio, dos equipos se disputan el campeonato de la NBA.

Michael llegó a la UNC en el otoño de 1981 con 18 años. En los entrenamientos hablaba constantemente y en voz alta de lo bueno que era y de cómo podía ganarles a los demás jugadores. Parecía un hermano pequeño insoportable. Sus compañeros de equipo se reían la mayor parte del tiempo. Pero a veces se preguntaban cómo encajaría este bocazas en el baloncesto universitario y sus reglas.

El baloncesto de Carolina tenía mucha tradición. El entrenador Dean Smith era muy estricto. Hacía que los jugadores pasaran de un ejercicio a otro sin parar. Trabajaron duro para aprender un sistema que destacaba la defensa y el pase del balón.

Dean Smith

Pero a Michael le gustaba lo apretado que

estaba el programa de prácticas. Hablaba mucho, pero también escuchaba. El sistema del entrenador Smith no mostraba el talento atlético de Michael, pero a él no le importaba. Quería ser conocido como un buen jugador defensivo. Si el entrenador quería que pasara el balón, lo haría. Su mejor habilidad era su disposición para escuchar y aprender.

Sin embargo, algunas cosas le molestaban. *Sports Illustrated* quería

poner en su portada a los cinco jugadores titulares de la UNC ese otoño. Querían incluir a Michael, pero Dean Smith dijo que no. No le parecía justo poner a Michael en la portada cuando no había jugado ni un partido. Pensaba que todos debían esperar su turno para tener una oportunidad en el centro de atención. Todavía no era el turno de Michael.

Michael se molestó mucho por ello. Pensaba que merecía ser parte de la fotografía de la portada, pero nunca demostró lo que sentía. En su lugar, practicó con más ahínco. Escuchó y aprendió.

La temporada 1981-82 iba a comenzar. Cuatro jugadores que regresaban de sus vacaciones eran titulares. Quedaba un puesto libre para que el entrenador Smith lo cubriera. El resto del equipo se sentaría en el banquillo durante cada partido, esperando una oportunidad para jugar.

El entrenador Smith publicó la alineación antes del primer partido, ¡y Michael estaba en ella! Sería titular como Escolta y anotador de puntos.

Michael se sorprendió. Smith nunca abría un juego con los novatos. Pero él parecía ser la excepción.

Michael quiso demostrarle a su entrenador que no se equivocó. Anotó los primeros puntos de ese primer partido, y siguió anotando en los siguientes. Se ajustó al sistema de Smith y pasaba el balón a los jugadores que podían conseguir un tiro más fácil, incluso cuando él sabía que podía hacer los más difíciles. Trabajó en su defensa y se aseguró de estar en el lugar correcto en la cancha.

En la primavera de 1982, los *Tar Heels* llegaron a discutir el campeonato. A la UNC siempre le fue bien en el torneo. Pero Dean Smith nunca había ganado una final, aunque había sido el entrenador desde 1961. Los aficionados se impacientaban.

El campeonato de 1982 se celebró en el Superdomo de Luisiana en Nueva Orleans. Los *Hoyas* de Georgetown eran un equipo poderoso, y el marcador se mantuvo cerrado. Pero cuando Michael encestó su gran tiro, la UNC ganó y él se convirtió en una estrella.

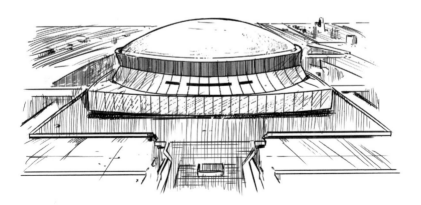

Superdomo de Luisiana en Nueva Orleans

Posiciones en un equipo de baloncesto

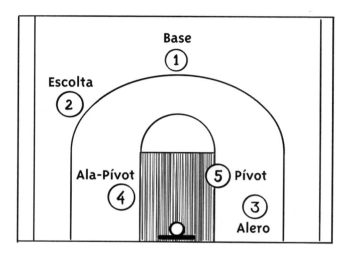

Durante un partido de baloncesto hay cinco jugadores de cada equipo en la cancha. Cada jugador tiene una posición con diferentes responsabilidades. Las posiciones tienen nombres, pero a veces también se les llama por su número.

- Base (1): El Base es el responsable de dirigir el ataque: el sistema para anotar. El Base lidera el movimiento del balón por la cancha hacia la canasta. Los bases suelen ser rápidos y se destacan en el pase del balón.

- Escolta (2): El Escolta se centra en anotar. Suelen ser buenos para hacer tiros desde largas distancias.

- Alero (3): El Alero suele ser un excelente anotador que puede lanzar desde diferentes distancias y que también puede contribuir a la defensa.

- Ala-Pívot (4): El Ala-Pívot se centra en la defensa y en el rebote (coge el balón después de que alguien haga o pierda un tiro). Los Ala-Pívots suelen ser muy fuertes y juegan cerca de la canasta.

- Pívot (5): El Pívot o Centro es el jugador más alto del equipo. Anota cerca de la canasta y bloquea la anotación del otro equipo.

Cuando Michael regresó a su casa durante el verano, se vio constantemente rodeado de multitudes. Cuando practicaba en las canchas locales, se reunía mucha gente para observarlo. Siempre había alguien pidiéndole un autógrafo. Michael se había convertido en un héroe local.

Aunque Michael esperaba ganar más campeonatos en la UNC, sus equipos de segundo y tercer año no llegaron a las finales de la *National Collegiate Athletic Association* (NCAA). Se sentía decepcionado. Fue nombrado jugador universitario del año en 1984. También ganó los premios John R. Wooden y Dr. James Naismith, ambos para el mejor jugador universitario, en 1984. Pero lo que realmente quería era ganar otro campeonato.

Después de su temporada junior, Dean Smith le aconsejó

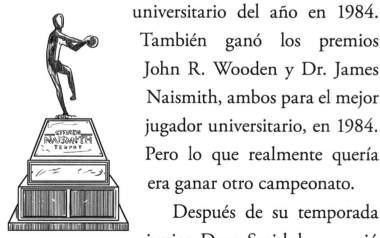

Premio Dr. James Naismith

que pasara a la NBA. Michael no estaba seguro de que fuera lo correcto. Le quedaba un año más de universidad. Quería seguir en la UNC e intentar ganar otro campeonato de la NCAA. La madre de Michael también estaba en contra de la idea. Ella quería que se quedara para su último año y se graduara en la universidad.

Pero, Michael comprendió que el entrenador Smith tenía razón. Había tenido una gran carrera universitaria y la NBA se había dado cuenta. Iba a ser reclutado por un equipo profesional. Y podría estudiar más tarde, había que irse.

Michael y el entrenador Smith anuncian que entra en la selección de la NBA.

CAPÍTULO 3
El amor al juego

La selección de la NBA (donde se escogen a los jugadores universitarios) tuvo lugar el 19 de junio de 1984. Los *Houston Rockets* eligieron primero. Los equipos de baloncesto de aquella época preferían elegir a los jugadores más altos que encontraran para que jugaran de Pívot. Era la posición más importante. Ellos eligieron a Hakeem Olajuwon (conocido como Akeem), de dos metros de altura. Después, los *Portland Trail Blazers* eligieron a otro hombre grande, Sam Bowie. Los *Chicago Bulls* eligieron

al tercero. Hubieran querido elegir a un Pívot alto. Pero los dos mejores ya habían sido elegidos, y el talento de Michael era demasiado grande para ignorarlo. Los *Bulls* eligieron a Michael Jordan.

Pero antes de presentarse al entrenamiento con los *Bulls* en otoño, Michael tenía algo aún más importante que hacer. Las Olimpiadas de verano de 1984 eran en Los Ángeles. Y Michael había sido uno de los 12 jugadores seleccionados para el equipo de baloncesto de EE. UU. Ningún jugador profesional podía formar parte del equipo en aquella

época. Antes de las Olimpiadas, el equipo disputó una serie de partidos contra jugadores de la NBA. Viajaron a 9 ciudades y se enfrentaron a algunos de los mejores jugadores profesionales de la liga. Los partidos fueron duros, pero los ganaron todos.

Michael pensó que era una buena preparación para las Olimpiadas.

Estados Unidos le ganó a España por 31 puntos en el partido por la medalla de oro. Después, Michael subió al podio para recibir su medalla de oro con el equipo. Cantó el himno nacional y sostuvo una bandera estadounidense. Cuando recibió su medalla de oro, corrió a las gradas y se la colgó a su madre. Le recordó que le había prometido ganar una medalla de oro para EE. UU. cuando tenía 9 años. Ahora lo había conseguido.

Después de las Olimpiadas, Michael firmó su primer contrato con los *Chicago Bulls*. Acordaron pagarle 6 millones de dólares en 7 años. Fue el tercer mayor contrato de la historia de la NBA. Este tenía una cláusula especial de "amor por el juego". La mayoría de los contratos de la NBA establecían que los jugadores no podían jugar en partidos que no fueran de la NBA ni

hacer nada que pudiera causarles una lesión. Los equipos querían asegurarse de que sus jugadores estuvieran sanos. Pero Michael podía jugar donde quisiera sin riesgo de perder su contrato. Era el único jugador que tenía esta cláusula en su contrato. Michael tenía 21 años y solo quería jugar al baloncesto, en cualquier momento y en cualquier lugar.

El agente de Michael le dijo que de la compañía *Nike* querían hablar con él sobre las zapatillas de baloncesto. *Nike* era conocida por su calzado para correr, pero quería establecerse con nuevos equipos de baloncesto. La compañía le prometió diseñar un calzado especial y ropa deportiva para él. Quería que apareciera en sus anuncios y comerciales. *Nike* quería crear un grupo de productos en torno a Michael Jordan. La empresa incluso había elegido un nombre para la marca: "*Air Jordan*".

En 1984, Michael prefería llevar zapatillas *Adidas*. Y no quería reunirse con los representantes de *Nike*. Pero sus padres lo obligaron a ir a la reunión. Pensaban que el acuerdo con *Nike* era muy bueno. Finalmente, Michael accedió a escuchar a *Nike* y aceptó la oferta. Le pagarían 2,5 millones de dólares en 5 años, y recibiría aún más dinero por cada par de *Air Jordans* vendido. La gente del mundo del baloncesto se sorprendió. Eso era muchísimo dinero y atención, más para un joven que ni siquiera había jugado un partido en la NBA.

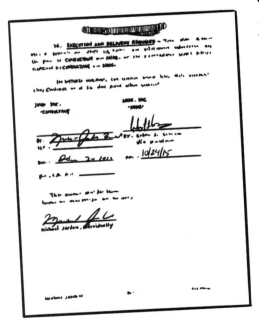

Nike sabía que se estaba arriesgando. Pero la compañía pensó que Michael tenía el talento y la personalidad para convertirse en una gran estrella.

CAPÍTULO 4
El novato

En los años 70, muchos habían perdido el interés por el baloncesto profesional. No seguían el juego ni a los jugadores. Algunos partidos de postemporada de la NBA ni siquiera se transmitían por TV. La NBA se esforzaba por recuperar a los aficionados cuando Michael se incorporó a la organización en 1984.

Earvin "Magic" Johnson, de los *Lakers*, y Larry Bird, de los *Celtics*, empezaron a atraer a las multitudes con sus habilidades y su rivalidad en la cancha. Hicieron que la NBA volviera a ser divertida. Los fans adoraban a las dos estrellas y sus partidos entre sí. Muchos creen que la rivalidad entre Magic y Bird salvó a la NBA después de perder popularidad en la década de 1970.

Magic Johnson y Larry Bird

Cuando los *Celtics* le ganaron a los *Lakers* en el campeonato de 1984, los *Chicago Bulls* eran uno de los peores equipos de la liga. Las cadenas de televisión y los periódicos no les prestaban atención. El estadio de Chicago era viejo y estaba medio vacío durante los partidos.

El anuncio de zapatillas que cambió una rivalidad de baloncesto

En 1985, la compañía de zapatillas *Converse* le pidió a Magic Johnson que hiciera un anuncio de TV con Larry Bird. Magic estaba nervioso. Aunque él y Bird habían sido rivales acérrimos durante años, ¡nunca habían mantenido una conversación!

Durante una pausa en el rodaje, Bird invitó a Magic a comer en su casa. Los dos hombres pronto se dieron cuenta de que tenían mucho en común. Ambos eran del Medio Oeste. Ambos crecieron en familias pobres. Les importaba el baloncesto más que casi todo. Y, además, ¡se caían bien!

El anuncio de *Converse* (con la zapatilla Bird y la zapatilla Magic) fue un éxito. Y los dos antiguos rivales siguieron siendo amigos.

Sin embargo, a Michael no le importaba nada de eso. Solo quería jugar al baloncesto. Jugaba cada partido como si fuera el que decidía el campeonato. Practicaba de la misma manera. La gente de la liga se dio cuenta. Los aficionados, los periodistas y otros jugadores hablaban del novato de altos vuelos.

Esa temporada, Michael jugó con sus zapatillas *Nike*. Eran rojas y negras en combinación con los uniformes de los *Bulls*. Las reglas de la NBA decían que las zapatillas debían tener partes en blanco. Lo multaron por infringir las

normas cada vez que llevaba sus *"Jordans"*. *Nike* pagó las multas de Michael, lo que le dio gran publicidad a las zapatillas y al equipo. Muchos se interesaban en las zapatillas. El hecho de que fueran "ilegales" según las normas de la NBA las hizo más atractivas. Cuando las *Air Jordans 1* se vendieron por primera vez en 1985, fueron un éxito instantáneo, recaudando 105 millones de dólares en menos de un año.

Ahora es habitual que las estrellas del baloncesto firmen acuerdos para su marca de zapatillas. Pero las *Air Jordans* fueron las primeras.

A los fans les encantaba Michael, pero a algunos jugadores de la NBA no les gustaba mucho. Estaban celosos del acuerdo que tenía con *Nike*. En el Partido de las Estrellas de 1985 (cuando todos llevaban sus uniformes y sus simples prendas de calentamiento) Michael se puso su llamativo traje *Air Jordan* y sus cadenas de oro ¡para el Concurso de *slam-dunk!*

Los demás jugadores pensaban que Michael parecía más interesado en ser una estrella y promocionar su marca que en jugar al baloncesto.

Los *Bulls* llegaron a la postemporada en 1985, pero perdieron en la primera ronda. Aunque Michael ganó el premio al Novato del Año, lo que quería era que su equipo ganara.

Las *Air Jordans*

En 1985, un par de *Air Jordan 1* costaba unos 65 dólares, que era mucho dinero para unas zapatillas deportivas. Muchos niños soñaban con poder comprar su primer par de *Jordans*.

Las estrellas del hip-hop rapeaban sobre las *Air Jordans* y las llevaban en el escenario. Las estrellas de cine las usaban con esmoquin. Todos querían llevarlas y sentirse guay como Michael.

LL Cool J

Cada año salían nuevos modelos de *Air Jordans*. Muchos los coleccionaban. Nike solo vendía un número limitado el primer día, lo que obligaba a la gente a hacer cola durante horas fuera de las tiendas, para conseguir el último par. Las *Air Jordans* crearon una cultura de *"sneakerheads"*, personas obsesionadas con coleccionar zapatillas.

CAPÍTULO 5
No confíes en nadie

Durante el tercer partido de la temporada 1985-86, Michael cayó con fuerza al bajar de un salto y se fracturó el pie. Podría tardar semanas, o incluso meses, en curarse. Nunca antes se había perdido un partido por ningún motivo.

Michael volvió a la universidad mientras su pie se curaba. Tomó clases en la UNC para terminar su carrera. Después de unos meses, volvió a los *Bulls*. Pero solo pudo jugar unos minutos en cada partido debido a la lesión. Con Michael de vuelta, los *Bulls* llegaron de nuevo a la postemporada. Y esta vez tuvieron que jugar contra Larry Bird y los poderosos *Boston Celtics* en la primera ronda.

En el segundo partido, Michael anotó 63 puntos. Era el récord de puntos en un solo partido

de postemporada. Pero los *Celtics* ganaron ese partido y la serie. Michael por sí solo no fue suficiente para ganar un campeonato para los *Bulls*.

Al año siguiente, Michael se esforzó más que nunca. Anotó 20, 30 y hasta 40 puntos por noche. El público aplaudía su dura defensa, sus rápidos movimientos y sus mates de altura. Podía saltar hasta 4 pies. Era realmente *"Air Jordan"*. El estadio de Chicago se llenaba siempre. La venta de entradas se disparaba en otros estadios cuando los *Bulls* llegaban a la ciudad. Muchas personas

Los *Chicago Bulls* calientan antes de un juego.

jamás habían visto a un jugador tan emocionante como Michael.

Y Michael era igual de popular fuera de la cancha. Siguió ganando millones con las ventas de *Air Jordans*. Sus contratos con otras empresas, como *McDonald's, Coca-Cola* y *Chevrolet*, le proporcionaban mucho más dinero que su contrato con la NBA.

Michael se había hecho tan famoso que siempre era acosado por sus fans. Incluso la gente que no era aficionada al baloncesto lo reconocía por sus anuncios de televisión. El campo de golf era de los pocos lugares a los que podía ir sin que lo siguieran.

Juanita Vanoy

Tenía un círculo cercano de familiares y amigos de la UNC y Wilmington. Y estaba comprometido con su novia, Juanita Vanoy, a quien había conocido un año antes. Pero estaba claro que ya no podía llevar una vida normal.

Michael ganó el premio al Jugador Más Valioso y al Jugador Defensivo del Año en la temporada 1987-88. En 1988, *Nike* presentó un nuevo logotipo de *Air Jordan* que todos llamaron *"Jumpman"*. Era una silueta de Michael saltando en el aire. Para promocionar las zapatillas *Jumpman*, Michael hizo varios anuncios de TV para *Nike* con el director de cine Spike Lee. Eran anuncios cortos, divertidos, en blanco y negro, que impulsaron la popularidad de las *Air Jordans*.

El 18 de noviembre de 1988, Juanita dio a luz al primer hijo de Michael, Jeffrey Michael Jordan. La nueva familia se mudó a una casa grande en Highland Park, un suburbio de Chicago.

Los *Bulls* siguieron incorporando nuevos jugadores y cambiando de entrenador. Llegaron a la postemporada, pero tampoco ganaron. Michael se sentía frustrado. Él creía que tenía que anotar todos los puntos. No confiaba en las habilidades de los otros jugadores. Algunos pensaban que Michael Jordan nunca ganaría un campeonato si seguía intentando hacerlo todo él solo.

CAPÍTULO 6
El triplete

Cuando terminó la temporada 1988-89, Michael y Juanita se fueron de viaje a California. Desde allí viajaron a Las Vegas, donde se casaron.

Los *Bulls* tenían un nuevo entrenador cuando Michael volvió para la temporada 1989-90. Phil Jackson había sido entrenador asistente de los *Bulls*. Había jugado en la NBA en la década de 1970. Era conocido por ser un pensador profundo al que le gustaba probar cosas diferentes. Era considerado un entrenador defensivo. Su asistente, Tex Winter, se hizo cargo de entrenar la ofensiva.

Phil Jackson

Winter le enseñó a los *Bulls* su sistema de "ataque triangular". Consistía en pasar el balón y moverse por la cancha de una manera específica.

Michael no estaba seguro. Pensaba que era el único que podía hacer los tiros difíciles. Jackson le dijo que tendría que aprender a confiar en sus compañeros de equipo.

Pero eso era difícil para Michael.

Los *Bulls* llegaron a las finales de la Conferencia del Este otra vez, y perdieron la serie. Después del partido, Michael lloró. No sabía qué hacía falta para ganar el campeonato.

Finalmente, el sistema de Winter comenzó a funcionar. Michael aprendió a utilizarlo en su beneficio. Los otros jugadores también lo entendieron. La defensa más fuerte del equipo también ayudó. Y Scottie Pippen, un talentoso jugador que llegó a los *Bulls* en 1987, era ahora una estrella. Hizo de los *Bulls* un equipo mejor.

En 1991, los *Chicago Bulls* volvieron a las finales de la Conferencia del Este para enfrentarse a los *Detroit Pistons* por tercer año consecutivo. Esta vez, los barrieron en 4 partidos. Finalmente

Scottie Pippen

se enfrentaron a *Los Ángeles Lakers* y a su estrella Magic Johnson. Los *Bulls* sorprendieron a todo el mundo al ganar la serie en solo 5 partidos. ¡Por fin eran los campeones de la NBA!

Magic Johnson

Michael y su equipo habían tardado 7 años en ganar el campeonato. Él lloró mientras sostenía el trofeo.

En agosto de 1991, Michael protagonizó un anuncio de *Gatorade*. En él aparecía una canción con la frase "Como Mike... Si pudiera ser como Mike". Todos los niños querían ser como Mike. Era una gran estrella, dentro y fuera de la cancha.

Los *Bulls* volvieron a las finales de la NBA en 1992. Jugaron contra los *Portland Trail Blazers*. En el primer partido, Michael anotó 35 puntos en la primera mitad e hizo 6 tiros de 3 puntos. Ambos fueron récords. Los *Bulls* ganaron la serie en 6 partidos.

Después de las finales de la NBA, Michael se preparó para los Juegos Olímpicos de Barcelona, España. Las reglas olímpicas habían cambiado y el equipo de EE. UU. incluía varios jugadores de la NBA.

El equipo de estrellas de EE. UU. fue apodado el *"Dream Team"* (Equipo de ensueño). Todos enloquecían con ellos. Los otros jugadores les pedían autógrafos y fotos antes de cada partido.

Charles Barkley y Magic Johnson firman autógrafos a los jugadores del equipo de Croacia.

El "*Dream Team*"

El equipo olímpico de baloncesto de Estados Unidos de 1992 contaba con algunos de los jugadores más impresionantes de este deporte. Ellos eran:
- Charles Barkley (*Phoenix Suns*)
- Larry Bird (*Boston Celtics*)
- Clyde Drexler (*Portland Trail Blazers*)
- Patrick Ewing (*New York Knicks*)

- **Magic Johnson (*Los Ángeles Lakers*)**
- **Michael Jordan (*Chicago Bulls*)**
- **Christian Laettner (*Duke University*)**
- **Karl Malone (*Utah Jazz*)**
- **Chris Mullin (*Golden State Warriors*)**
- **Scottie Pippen (*Chicago Bulls*)**
- **David Robinson (*San Antonio Spurs*)**
- **John Stockton (*Utah Jazz*)**
- **Entrenador: Chuck Daly (*Detroit Pistons*)**

Estados Unidos ganó fácilmente la mayoría de sus partidos. Los partidos más difíciles que

jugaron fueron a menudo entre ellos mismos en los entrenamientos. El *Dream Team* ganó la medalla de oro, como todo el mundo esperaba.

La temporada 1992-93 fue dura, pero los *Bulls* volvieron a llegar a las finales. Se enfrentaron a los *Phoenix Suns* y ganaron su tercer campeonato en seis difíciles partidos. La gente llamó a los tres campeonatos un *"three-peat"* (triplete).

Michael estaba agotado. Aunque solo tenía treinta años, había comentado durante toda la temporada que se retiraría pronto. Sin embargo, nadie le creía.

CAPÍTULO 7
Al bate... Michael Jordan

En 1993, Michael había ganado tres campeonatos y muchos premios individuales. Él y Juanita tenían dos hijos más: Marcus, nacido en 1990, y Jasmine, nacida en 1992. Era uno de los deportistas más populares del mundo. Pero en el verano de 1993 se produjo una tragedia. Su padre fue asesinado durante un robo.

Michael quedó destrozado por la muerte de su padre. Siempre habían estado muy unidos. A medida que él se hacía más y más famoso, su padre era de las pocas personas con las que realmente podía hablar. Y ahora se había ido.

Michael no estaba preparado para otra temporada de 82 partidos con los *Bulls*. El 6 de octubre de 1993, anunció su retirada del baloncesto profesional.

Todos estaban sorprendidos. Era difícil creer que la mayor estrella del deporte renunciara de repente. ¿Qué haría Michael a continuación?

El baloncesto podría haberse quedado sin retos para él. Pero otros deportes, como el béisbol, tenían muchos.

Jerry Reinsdorf, dueño del equipo de béisbol los Medias Blancas de Chicago, invitó a Michael al entrenamiento de primavera para averiguar qué podía hacer.

Practicó el bateo por su cuenta por unos meses y luego viajó al entrenamiento en Florida. No había

Jerry Reinsdorf

jugado al béisbol desde el instituto. Los músculos que utilizaba para el baloncesto eran diferentes a los que necesitaba para el béisbol. Su altura era una ventaja en el baloncesto, pero no en el béisbol. Tendría que empezar de nuevo.

Pero a Michael siempre le gustaba trabajar duro. Llegaba temprano al terreno de béisbol cada día y era el último que se iba. Escuchaba a sus entrenadores y hacía lo que le pedían.

Sin embargo, no era fácil. Michael tenía dificultades, incluso con todo su esfuerzo. Era la primera vez en mucho tiempo que no era el mejor en lo que hacía.

Michael pasó la temporada de 1994 en los *Birmingham Barons*, un equipo de la Liga Menor de Alabama. Llevaba el número 45, el de su hermano Larry en el instituto. Hacía los viajes en autobús y llevaba su propio equipo, como los otros jugadores. Decía que el béisbol lo hacía sentir como un niño. Sentía que su padre estaba con él, como lo había estado en las Ligas Menores.

Pero en *realidad* no era como los demás jugadores. Las cámaras y los periodistas lo seguían

a todas partes. La gente viajaba desde muy lejos para ver a Michael jugar al béisbol. Ningún otro jugador de las Ligas Menores recibía tanta atención como él.

Michael empezó a mejorar. Su entrenador creía que podría entrar en el equipo de los Medias Blancas de las Grandes Ligas en unos años.

Michael pensaba que podría llegar antes.

Una huelga de las Grandes Ligas a finales de 1994 se prolongó hasta los entrenamientos de primavera de 1995. Michael se impacientó. No quiso involucrarse en la huelga y en el conflicto entre los jugadores y los propietarios de los equipos, y dejó el béisbol el 10 de marzo.

Sin embargo, sentía que fue una buena experiencia. El béisbol le había recordado lo que era tener que trabajar duro en un deporte. Pero estaba preparado para volver al juego en el que destacaba.

Michael comenzó a practicar de nuevo con los *Bulls*. El 18 de marzo de 1995, envió un comunicado de prensa. Solo decía: "He vuelto".

CAPÍTULO 8
El triplete, segunda parte

Los *Chicago Bulls* tenían un nuevo y moderno estadio. ¡Tenían una estatua de Michael fuera de él! Cuando se retiró, su número de camiseta, el 23, también fue retirado. Nadie más lo podía llevar. Así que Michael volvió a la cancha con el 45, su número de béisbol. En sus primeros partidos estuvo un poco oxidado. Luego, el equipo viajó a Nueva York para jugar contra los *New York Knicks* en el *Madison Square Garden*.

A Michael siempre le gustó jugar al baloncesto en el *Garden*. Las luces brillaban mucho allí. El público era ruidoso y muchos famosos acudían a verlo. Michael anotó 55 puntos esa noche. Todos

comprobaron que realmente había vuelto al juego.

Pero Michael falló algunos tiros que antes hacía con facilidad. Los *Bulls* habían cambiado mucho mientras él jugaba al béisbol. Había muchos jugadores nuevos a los que les resultaba difícil jugar (o practicar) con Michael.

Los *Bulls* ganaron la primera ronda de la postemporada, pero tuvieron problemas en la segunda ronda contra los *Orlando Magic*. Un jugador de los *Magic* dijo: "El número 45 no es el número 23". Michael volvió a llevar el número 23 en el siguiente partido, y los *Bulls* ganaron.

Nick Anderson, jugador de los *Orlando Magic*

Sin embargo, los *Bulls* perdieron la serie. Michael estaba decepcionado. No había jugado bien. Sabía que tenía que trabajar duro para prepararse para el próximo año.

Pero también tenía que prepararse para Hollywood. Fue contratado para la película *Space Jam* junto con el personaje de dibujos animados Bugs Bunny. Los dos ya habían protagonizado anuncios de *Nike* jugando al baloncesto. Bugs Bunny llevaba *"Hare Jordans"* en los anuncios. *Space Jam* se estrenó en 1996. Fue un gran éxito, recaudó 230,4 millones de dólares.

Mientras filmaba *Space Jam*, Michael hizo construir una cancha junto al estudio de cine. Practicaba cada vez que tenía un descanso en el rodaje. Pronto, otros jugadores de la NBA empezaron a pasar por la cancha cuando estaban en Los Ángeles. Michael jugó contra las estrellas casi todos los días.

Finalizado el rodaje, Michael estaba entusiasmado con el comienzo de la temporada de baloncesto. Los *Bulls* habían agregado a Dennis Rodman, uno de los mejores reboteadores en la liga. Era famoso por sus locas acrobacias fuera de la cancha, pero sus compañeros vieron que Dennis era tranquilo y trabajador.

Michael estaba muy motivado. Quería demostrar que todavía podía ganar. Presionaba mucho a sus compañeros en los entrenamientos. A algunos les era difícil trabajar con él.

Sin embargo, el equipo se unió a la hora de jugar.

Dennis Rodman

Establecieron un récord de 72 partidos ganados durante la temporada 1995-96.

Los *Bulls* derrotaron a los *Seattle SuperSonics* en 6 partidos ganando las finales de la NBA. El último partido fue el Día del Padre. Después de ganar, Michael cogió el balón del partido y lloró en el vestuario. El recuerdo de su padre y la presión que se había impuesto para ganar lo agobiaron.

Pero Michael prometió inmediatamente que los *Bulls* volverían a ganar otro campeonato el próximo año. Y así fue.

Los *Bulls* se enfrentaron a los *Utah Jazz* en las Finales de la NBA de 1997. Después de 4 partidos, la serie estaba empatada 2-2.

Michael se despertó con la gripe la mañana del quinto partido y no pudo entrenar. Se pasó el día con el entrenador del equipo, tratando de encontrar la manera de sentirse mejor. Todos se preguntaban si sería capaz de jugar.

Michael estaba enfermo, mareado y deshidratado. Pero jugó de todos modos, anotando 38 puntos y los *Bulls* ganaron.

Ganaron la serie en el sexto juego. Finalizando el partido, Michael tenía el balón. Los jugadores de los *Jazz* lo rodearon. Pero en lugar de intentar un tiro difícil, le pasó el balón a su compañero Steve Kerr, que hizo la canasta ganadora. Michael finalmente confió en sus compañeros. No siempre tenía que hacer el gran tiro.

La temporada 1997-98 no fue fácil. El equipo luchó hasta llegar a la postemporada. Volvieron

Steve Kerr

a enfrentarse a los *Jazz* en las Finales y llegaron al sexto partido. El tiempo se acababa. Scottie Pippen le pasó el balón a Michael. Él tiró y el balón atravesó la canasta. Michael pareció congelarse en el aire, durante unos segundos, como si alguien hubiera hecho una estatua de él haciendo el tiro perfecto. El partido terminó y los *Bulls* volvieron a ser campeones. Con Michael, habían completado dos series de "tripletes": de 1991 a 1993 y de 1996 a 1998. Sería una hazaña difícil de igualar.

CAPÍTULO 9
Wizard (Un mago)

Tras el campeonato de 1998, Scottie Pippen fue traspasado de los *Bulls*. Y Phil Jackson dejó el equipo.

Los propietarios de la NBA y los jugadores estaban en conflicto por los contratos y el dinero. Así que la temporada no empezó hasta que llegaron a un acuerdo en enero de 1999.

El 13 de enero, Michael anunció (una vez más) que se retiraba de los *Bulls*. Estaba agotado, y sintió que había llegado el momento de dejar el equipo.

En el año 2000, los *Washington Wizards* le ofrecieron a Michael ser presidente de operaciones de baloncesto y copropietario del equipo. Se encargaría de la selección, fichaje y negociaciones con los jugadores del equipo. También contrataría a los entrenadores.

Pero al cabo de unos meses, Michael decidió que la única manera de conseguir que los jugadores se esforzaran más sería mostrándoselo él mismo. No estaba en forma y le dolían las rodillas de tanto correr y saltar. Pero creía que podría prepararse para la siguiente temporada. Tenía que renunciar a su propiedad parcial del equipo para poder jugar con los *Wizards*.

Michael anunció su regreso al baloncesto a finales de septiembre de 2001.

Durante los entrenamientos, volvió a dirigir a los más jóvenes. Pero a algunos de ellos no les importaba, lo que disgustaba a Michael. Como siempre, solo quería ganar. Le dolían las rodillas, pero seguía esforzándose. Anotó 51 puntos en un partido, justo antes de cumplir los 39 años.

Integró el equipo de las estrellas en 2002 y 2003. Pero todo el mundo podía ver que Michael sufría mucho. Él pensó en retirarse y volver a ser el presidente y copropietario de los *Wizards*.

Pero se equivocaba. El propietario de los *Wizards* no creía que hubiera hecho un buen trabajo formando el equipo. Por primera vez, alguien despidió a Michael Jordan.

CAPÍTULO 10
El más grande

En 2006, Michael se unió a los *Charlotte Bobcats*. El propietario, Robert L. Johnson, le ofreció la copropiedad del equipo y lo puso a  cargo de las operaciones de baloncesto. Era un equipo nuevo en Charlotte, Carolina del Norte. Sustituyeron a los *Hornets,* que se trasladaron a Nueva Orleans en 2002.

La vida personal de Michael también cambió en 2006. Él y Juanita se divorciaron. Ya se habían separado una vez, pero habían vuelto a estar juntos. Esta vez fue definitivo.

Fue difícil convertir a los *Bobcats* en un equipo ganador. Los fans no siempre estaban de acuerdo con los fichajes y los intercambios de Michael. El equipo perdió muchos partidos.

Era difícil dirigir un equipo. Pero todos recordaban la carrera de Michael como jugador. Fue incluido en el Salón de la Fama del Baloncesto en 2009. En la ceremonia del Salón de la Fama, debía pronunciar un discurso y estaba nervioso. La audiencia estaba llena de personas que habían sido importantes para su carrera. Cuando los demás hablaron de él, se emocionó y lloró varias veces. Luego, llegó el momento de que Michael pronunciara su propio discurso.

Fue un desastre, quiso explicar por qué era tan competitivo. Empezó a hablar de las veces que habían dudado de él o lo habían despreciado. Contó la historia de cuando Leroy Smith entró en el equipo preuniversitario de baloncesto y él no. Habló de la vez que Dean Smith no lo dejó salir en la portada de *Sports Illustrated*.

La gente estaba horrorizada. Los discursos del Salón de la Fama solían ser cálidos y llenos de gratitud. El de Michael parecía amargo y enfadado. Pero quería que la gente supiera que esos desprecios y dudas fueron los que lo empujaron a ser más grande en el deporte.

Luego, sí dio las gracias a muchos en su discurso. Pero, sobre todo, dio las gracias al propio juego. Dijo: "El juego de baloncesto lo ha sido todo para mí, mi refugio, el lugar al que he acudido cuando necesitaba encontrar consuelo y paz".

En 2010, Michael compró la participación de Robert Johnson en los *Bobcats*. Fue el primer exjugador en tener un equipo de la NBA. Las finanzas del equipo mejoraron. Mantuvo los programas deportivos de las escuelas secundarias locales y ayudó a que los jugadores del equipo se involucraran en la comunidad.

Pero los *Bobcats* eran cada vez peores en la cancha. Michael contrató a otro ejecutivo para las operaciones de baloncesto, pero siguieron perdiendo. Los entrenadores iban y venían. Los fans y los periodistas criticaban sus decisiones. ¡Algunos lo llamaron el peor propietario de la liga! Otros dijeron que debería vender el equipo.

Entonces, en 2013, hizo un movimiento que a todos gustó. Los *New Orleans Hornets* cambiaron su nombre por el de *Pelicans*. Jordan pidió a la NBA que Charlotte recuperara el nombre de los *Hornets*. La liga accedió y se convirtieron en los *Charlotte Hornets* de nuevo.

La vida personal de Michael también cambió. Después de salir un tiempo con Yvette Prieto, se casaron en 2013. Al año siguiente, tuvieron dos hijas gemelas, Victoria e Ysabel.

Entre 2015 y 2016, más del 50% de las

zapatillas de baloncesto vendidas en EE. UU. eran de la marca *Jordan* de *Nike*. Michael ganaba $100 millones al año de su acuerdo con *Nike*. En 2015, fue nombrado entre los multimillonarios por la revista *Forbes*. Es el deportista mejor pagado de todos los tiempos, con $1850 millones de ganancias, de los cuales $93 millones proceden de su carrera como jugador. Es uno de los deportistas más populares del mundo. En 2016, recibió la Medalla Presidencial de la Libertad de manos del presidente Barack Obama.

Cuando un reportero de *ESPN The Magazine* hizo una entrevista a Michael antes de su 50 cumpleaños, este habló de que toda su vida había girado en torno a la competición y de lo difícil que era dejar de jugar. Preguntó: "¿Cómo puedo encontrar la paz lejos del baloncesto?". Todavía no había encontrado una respuesta.

Michael Jordan es considerado el mejor jugador de baloncesto y uno de los mejores atletas de todos los tiempos. Trabajó duro para sacar el máximo a su talento natural. Siempre exigió el máximo de sí

mismo y de los que le rodeaban.

Michael Jordan cambió la NBA con su estilo aéreo y su velocidad. También cambió el mundo de la publicidad. Antes de Michael, pocos jugadores de baloncesto aparecían en los anuncios. Ahora están en todas partes.

La carrera de Michael está llena de momentos

LeBron James

memorables que asombraron a los fans de entonces y aún siguen haciéndolo. Michael se sorprendía por lo que podía hacer. Una vez le contó a un periodista cómo se sintió al ver uno de sus mates en vídeo en cámara lenta. Se preguntó en voz alta: "¿Cuándo saltar se convierte en volar?".

Cuando es Michael Jordan quien salta.

Premios y logros

- Cinco veces Jugador Más Valioso de la NBA (1988, 1991, 1992, 1996, 1998)
- Seis veces Jugador Más Valioso de las Finales de la NBA (1991-93, 1996-98)
- Diez veces miembro del Primer Equipo de la NBA (1987-93, 1996-98)
- Segundo Equipo de la NBA (1985)
- Nueve veces en el Primer Equipo Defensivo de la NBA (1988-93, 1996-98)
- Jugador Defensivo del Año de la NBA (1988)
- Novato del Año de la NBA (1985)
- Primer Equipo de Novatos de la NBA (1985)
- Tres veces MVP del Partido de las Estrellas de la NBA (1988, 1996, 1998)
- Catorce veces seleccionado para el Partido de las Estrellas de la NBA
- Registró el único triple-doble (14 puntos, 11 rebotes y 11 asistencias) en la historia de un Partido de las Estrellas de la NBA de 1997 en Cleveland

- Ganó el Concurso de Mates del fin de semana de las Estrellas en 1987 y 1988
- Posee el récord de la NBA de mayor promedio de puntos por partido: 31,5
- Tiene el récord de las Finales de la NBA de mayor promedio de anotación en una serie: 41,0 (1993)
- Posee el récord para un solo partido de las Finales de la NBA de más puntos en una mitad: 35
- Récord de la NBA de más puntos en un partido de postemporada (63, en 1986)
- Medalla de Oro Olímpica en baloncesto masculino (1984, 1992)

Cronología de la vida de Michael Jordan

1963 — Nació el 17 de febrero en Brooklyn, Nueva York

1982 — Anota los puntos ganadores para los *Tar Heels* de la Universidad de Carolina del Norte en el partido del campeonato de la NCAA

1984 — Entra en el fichaje de la NBA; es seleccionado por los *Chicago Bulls*

— Gana los Premios Naismith y Wooden al mejor jugador universitario del año

1985 — Gana el Premio al Novato del Año

1988 — Gana el MVP y el Premio al Mejor Jugador Defensivo del Año

1989 — Se casa con Juanita Vanoy

1991 — Gana el primer campeonato de la NBA con los *Chicago Bulls*

1992 — Gana la Medalla de Oro como miembro del "*Dream Team*" olímpico de EE. UU.

1994 — Juega al béisbol en el equipo de las Ligas Menores *Birmingham Barons*

1995 — Regresa a la NBA y a los *Chicago Bulls*

1996 — Protagoniza la película *Space Jam*

2000 — Se convierte en presidente de operaciones de baloncesto y copropietario de los *Washington Wizards*

2006 — Se convierte en presidente de operaciones de baloncesto y copropietario de los *Charlotte Bobcats*

— Se divorcia de Juanita

2013 — Se casa con Yvette Prieto

2016 — Recibe la Medalla Presidencial de la Libertad de manos del presidente Barack Obama

Cronología del Mundo

1963 — Martin Luther King Jr. pronuncia su discurso "Tengo un sueño"

1964 — Se aprueba la Ley de Derechos Civiles

1969 — Neil Armstrong se convierte en la primera persona en pisar la Luna

1974 — Dimite el presidente Richard M. Nixon

1980 — Se lanza el videojuego *The Pac-Man*

1982 — Michael Jackson estrena *Thriller*

1984 — Nace LeBron James en Akron, Ohio

1985 — Se encuentran los restos del Titanic frente a la costa de Terranova

1990 — Se produce el mayor robo de arte de la historia en el Museo Gardner de Boston

1994 — Se inaugura el *"Chunnel"*, que conecta Gran Bretaña y Francia

1997 — Se publica el primer libro de Harry Potter

2001 — Los atentados del 11 de septiembre matan a casi tres mil personas en Estados Unidos

2007 — Se estrena el *iPhone*

2008 — Barack Obama es elegido primer presidente afroamericano de Estados Unidos

2016 — Los *Chicago Cubs* ganan la Serie Mundial por primera vez en 108 años

Bibliografía

Badenhausen, Kurt. "How Michael Jordan Still Makes $100 Million a Year," *Forbes*, March 11, 2015. https://www.forbes.com/sites/kurtbadenhausen/2015/03/11/how-new-billionaire-michael-jordan-earned-100-million-in-2014/#395f7c2b221a.

Badenhausen, Kurt. "Michael Jordan Heads the Highest-Paid Athletes of All-Time with $1.7 Billion," *Forbes*, December 6, 2016. https://www.forbes.com/sites/kurtbadenhausen/2016/12/06/michael-jordan-heads-the-highest-paid-athletes-of-all-time-with-1-7-billion/#11c0f36e1f1d.

Halberstam, David. *Playing for Keeps: Michael Jordan and the World He Made.* New York: Random House, 1999.

Jordan, Michael. *For the Love of the Game: My Story.* Edited by Mark Vancil. New York: Crown Publishers, 1998.

Lazenby, Roland. *Michael Jordan: The Life.* New York: Back Bay Books, 2015.

McCallum, Jack. *Dream Team: How Michael, Magic, Larry, Charles, and the Greatest Team of All Time Conquered the World and Changed the Game of Basketball Forever.* New York: Ballantine Books, 2012.

McCallum, Jack. "'The Desire Isn't There,'" *Sports Illustrated*, October 18, 1993. http://www.si.com/vault/1993/10/18/129606/michael-jordan-the-desire-isnt-there.

Smith, Sam. *The Jordan Rules.* New York: Simon & Schuster, 1992.

Thompson, Wright. "Michael Jordan Has Not Left the Building," *ESPN The Magazine*, February 22, 2013. http://www.espn.com/espn/feature/story/_/page/Michael-Jordan/michael-jordan-not-left-building.

Zwerling, Jared. "'I'm Back!': Untold Tales of Michael Jordan's 1st Return to the NBA 20 Years Ago," *Bleacher Report*, March 18, 2015. http://bleacherreport.com/articles/2389936-im-back-untold-tales-of-michael-jordans-1st-return-to-the-nba-20-years-ago.

TUS MODELOS PARA LA HISTORIA

Actividades, Mad Libs y chistes divertidos
Descubre los libros de WhoHQ además de las biografías

¿Quién? ¿Qué? ¿Dónde?

¡Aprende más en whohq.com!